# DIE UKRAINISCH GRIECHISCH-KATHOLISCHE KIRCHE

# UNTER STALIN AB 1944

© 2024 Brigitte Ecker

Verlag: BoD · Books on Demand GmbH, In de Tarpen 42, 22848 Norderstedt

Druck: Libri Plureos GmbH, Friedensallee 273, 22763 Hamburg

ISBN: 978-3-7597-6755-4

# INHALTSVERZEICHNIS

<u>ABKÜRZUNGSVERZEICHNIS</u>

IG Initiativgruppe (auch Initiativausschuss oder Bewegung genannt) zur Vorbereitung der Verschmelzung der griechisch-katholischen mit der orthodoxen Kirche

MGB Ministerium für Staatssicherheit, Vorläufer des KGB

MVD Innenministerium der Sowjetunion

NKGB Volkskommissariat für Staatssicherheit, Vorläufer des MGB

NKVD Volkskommissariat für Innere Angelegenheiten, Vorläufer des MVD

OUN Organisation Ukrainischer Nationalisten

ROK(-MP) Russisch-Orthodoxe Kirche, ihre zweite offizielle Bezeichnung ist Moskauer Patriarchat

UGKK Ukrainisch griechisch-katholische Kirche

UNDV Ukrainische National-Demokratische Vereinigung

ZK Zentralkomitee

ŽMP Žurnal Moskovskoj Patriarchii

# I.    VORBEMERKUNGEN

## A. Forschungsfrage

- o Wie wurde die UGKK liquidiert?
- o Wie konnte sie sich dennoch im Untergrund so lange und letzten Endes erfolgreich halten? (eingegrenzt bis 1953/bis kurz nach Stalins Tod)

Šeptyc'kyj sah die Verfolgung bereits voraus und traf Gegenmaßnahmen, auch andere Geistliche trafen zum Teil sehr ungewöhnliche Maßnahmen, die Gläubigen blieben trotz aller Repressionen der Kirche treu, ohne diese hätte die Kirche nicht überleben können.

Warum blieben Geistliche und Gläubige der UGKK auch nach der formalen Auflösung treu, während andere sich der ROK anschlossen? (Diejenigen, die sich der ROK anschlossen, taten dies oft erst unter Zwang und waren oft nur nach außen hin orthodox und in Wirklichkeit weiter griechisch-katholisch, andere wiederum hofften, wenigstens einige Elemente ihres Glaubens bei einer anderen Kirche des gleichen Ritus retten zu können.)

Es hat sich darüber hinaus im Laufe der Arbeit ergeben, dass die UGKK durch die zahlreichen Verhaftungen und Deportationen nicht nur nicht zerstört wurde, sondern in Regionen aktiv wurde, in denen sie bisher nicht vertreten war.

## B. Quellenanalyse

Die Literatur ist durchgehend auf Seiten der UGKK, vor allem Stricker, von denen die meisten kirchlichen Stellen nahestehen. Eine Reihe von Informationen wird von mehreren Werken bestätigt, bei manchen Informationen gibt es Differenzen, etwa bei den Teilnehmern an der Synode 1946. Hrynioch bietet sehr viele Informationen trotz seines frühen Erscheinungsdatums. Viele Informationen bieten auch Heyer und Wolf. Mit Ausnahme von Németh und Heyer ist die Sprache eher emotional statt wissenschaftlich, dennoch waren alle um Objektivität bemüht. Hervorzuheben sind auch die vielen Faksimiles bei Bublyk. Ein noch genau vor allem auf die Echtheit zu untersuchender, Fund ist ein Dokument aus dem Geheimarchiv der Parteiführung im Kreml, der der Kathpress zugespielt wurde. Es handelt sich um einen Bericht an

Stalin betr. Zerstörung der UGKK und deren Übertritt in die ROK. Es gibt aber noch weitere Dokumente, die dies belegen. Eine so gravierende Aktion hätte gegen den Willen oder ohne Wissen Stalins auch gar nicht durchgeführt werden können.[i]

## II.    DEFINITIONEN

**Unierte Kirche:** Es handelt sich hierbei um Kirchen eines Ost-Ritus, im konkreten Fall des byzantinischen Ritus, die sich mit der Kirche im Rom vereinigt haben und den Primat des Papstes anerkennen. Sie haben auch ein eigenes Kanonisches Recht. Während der Terminus „uniert" (aufgrund einer Union mit Rom) in den Kirchen des Abendlandes keine Ressentiments hervorruft, hat er bei den slawischen Völkern und den Ostkirchen seit jeher einen schlechten Beigeschmack als Synonym für „Abweichler" und „Abtrünniger" und sollte daher im Westen vermieden werden, er wird hier im Fall der UGKK von der ROK und russischen Historikern in pejorativem Sinn verwendet.[ii]

**Griechisch-Katholisch**: In den offiziellen Dokumenten unierter Kirchen kommt der Terminus „Uniert" nicht vor. Polen und Russen gebrauchten es als erstes mit negativem Akzent. Die Polen erfanden auch den Begriff „Pope" im Sinne von „Pfaffe". Der Streit nahm ein derartiges Ausmaß an, dass der ukrainische Klerus bei Maria Theresia um Schutz ersuchte. 1784 erließ diese eine Verordnung, in der der lateinische Episkopat zur Eintracht und zum freundlichen Zusammenleben mit dem ostkatholischen Klerus aufgefordert wurde, statt „uniert" habe er „griechisch-katholisch" zu verwenden. Dies galt für alle katholischen Ostkirchen innerhalb des Reiches ohne Rücksicht auf die Nationalität. Hierdurch wird angedeutet, dass diese Kirche aus der griechisch-byzantinischen Kirche hervorgegangen sind. Griechisch-Katholisch ist bis heute die offizielle Konfessionsbezeichnung für die slawischen Katholiken des byzantinischen Ritus.[iii]

**Ukrainisch katholische Kirche:** Während der kurzzeitigen Existenz der freien Republik Ukraine 1917 – 19 erlebte die ukrainische autokephale orthodoxe Kirche ihre Blütezeit. Um sich abzugrenzen, nannten die griechischen Katholiken der Ukraine ihre Kirche Ukrainisch-katholische Kirche. Diese Bezeichnung hat einen nationalen Akzent[iv]

**Russisch katholische Kirche**: 1917 wurde das Exarchat der Russisch- katholischen Kirche errichtet, Jurisdiktion war das europäische und asiatische Russland. Es existiert im geheimen weiter.[v]

## III.    DIE UGKK UNTER STALIN AB 1944

### 1. Vorgeschichte 1917 - 1944

Stricker vermutet, dass die Kirche in der Westukraine schon in der Zwischenkriegszeit in den Untergrund gedrängt wurde.[vi] In der Westukraine blieben aber die Kirchenstrukturen der UGKK intakt bis zum Einmarsch 1939 aufgrund des Hitler-Stalin/Molotov-Ribbentrop-Paktes.[vii] Allerdings wurden auch orthodoxe Kirchen verfolgt.[viii] Die Sowjetunion kannte unterschiedliche Stufen der Duldung. Die ROK galt im Vergleich als privilegiert und die ROK galt gewissermaßen als Staatskirche.[ix]

Aufmerksam auf die UGKK wurde Stalin 1939 beim Einmarsch in die Westukraine. Zwar war der Ritus der UGKK derselbe wie der der ROK, aber das Oberhaupt war der Römische Papst.[x] Ein weiterer Grund war die Volksverbundenheit der UGKK. Der Kommunismus wurde außerdem zu einer politischen Religion. [xi] Ein Vorwand für das sowjetische Regime war die Zusammenarbeit mit den deutschen Besatzern. Diese beschränkte sich aber auf die Anfangszeit, seit 1942 gab es ukrainischen Widerstand auch gegen die Deutschen.[xii]

1939 erhielt aufgrund des Hitler-Stalin-Paktes den östlichen Teil der Republik Polen, das am 17.9.1939 von der Roten Armee besetzt wurde. Diese Besatzung dauerte bis zum 1.7.1941. Die Stalinverfassung von 1936 wurde eingeführt.[xiii] Mit der Besatzung begann die Verfolgung der katholischen Kirche in diesen Gebieten.[xiv] Es kam zu weitgehenden Maßnahmen gegen die UGKK. Šeptyc'kyj war Pragmatiker und griff zu Gegenmaßnahmen, mit denen er das Weiterbestehen seiner Kirche sicherte.[xv] Šeptyc'kyj sah voraus, dass die sowjetische Regierung alles unternehmen würde, um die Bindung der Jugend an die UGKK zu zerstören und passte seine Pastoral an die Jugend an.[xvi] Er berief eine Synode ein, um die Wirkung des Klerus an die neuen Verhältnisse anzupassen. Neben der offiziellen Hierarchie baute er eine Geheimhierarchie auf.[xvii]

1940 versuchten die Kommunisten, Šeptyc'kyj unschädlich zu machen. Auf Antrag des Metropoliten ernannte Pius XII. Slipyj zum Erzbischof-Koadjutor. Die Weihe wurde erst am 13.1.1942 bekannt gegeben.[xviii] Im Dezember 1940 warnte Šeptyc'kyj den Klerus vor den Gefahren in der pastoralen Arbeit und Wechselwirkungen Pastoralarbeit-Politik.[xix] Die Kommunisten planten, einen Pseudo-Metropoliten für L'viv einzusetzen, Kostel'nyk lehnte jedoch (noch) ab. Zunächst scheiterten die Versuche am Einmarsch der Deutschen im Juni 1941.[xx] Im Jahr 1941 gab Slipyj „Hauptregeln der gegenwärtigen Seelsorge" heraus, in der er für situationsbedinge Lösungen eintrat.[xxi]

1941 mussten sich die sowjetischen Truppen aus der Ukraine zurückziehen, der Rückzug war von Massendeportationen begleitet,[xxii]

Zunächst war für Šeptyc'kyj der Einmarsch der deutschen Truppen eine große Erlösung. Als katholischer Bischof war er gegen die NS-Rassenlehre. Auch gingen sie gegen Šeptyc'kyj selbst vor. Ein besonderes Problemfeld war das Engagement unierter Priesterin mit der deutschen Wehrmacht zusammenarbeitenden Verbänden.[xxiii]

Während des Zweiten Weltkrieges änderte Stalin seine Religionspolitik. Während des Zweiten Weltkrieges war Stalin auf jede Hilfe angewiesen. [xxiv] 1942 errichtete er das Moskauer Orthodoxe Patriarchat sowie das Amt des „Oberprokurators" neu. Im September 1943 schlossen die sowjetischen Behörden sogar eine Art Konkordat mit der ROK.[xxv] Ebenfalls 1942 schlug Šeptyc'kyj den orthodoxen Ukrainern vor, eine gemeinsame neue Formel zu suchen.[xxvi] Die Sowjetunion gab die Parole vom „echten religiösen Frieden" aus, sowohl innerhalb der Sowjetunion als auch im Ausland.[xxvii] Als im Sommer 1944 die Rote Armee die Westukraine zurückeroberte, hoffte man auf die tatsächliche Anwendung dieser Religionspolitik [xxviii] Die römisch-katholische Kirche war zugelassen, wenn auch nur sehr eingeschränkt. Wegen eines anderen Ritus war auf sie die Devise „Rückkehr zum Glauben der Väter" nicht anwendbar. Ein Teil der römisch-katholischen Pfarren war mit ausländischen, vor allem amerikanischen und französischen Priestern besetzt. [xxix]

2. <u>Ab 1944</u>

Am 27.7.1944 marschierten die Soldaten der 1. Ukrainischen Front in L'viv ein.[xxx] Die Griechisch-Katholische Kirche war damals noch wohlgeordnet.[xxxi] Als sich die sowjetischen Truppen Galizien näherten, rief der Moskauer Propagandasender dazu auf, keinen Widerstand zu leisten.[xxxii]

Kurz nach dem Einmarsch forderte der Metropolit jede Pfarre auf, für die Verwundeten der Roten Armee zu sammeln.[xxxiii] Šeptyc'kyj bemühte sich um ein gutes Verhältnis zum Staat und verurteilte ukrainische Terrorakte.[xxxiv]

Im Vergleich zur ersten sowjetischen Besetzung 1939 – 1941 war die atheistische Propaganda allerdings deutlich schwächer.[xxxv] Jetzt zeigte das sowjetische Regime Achtung vor der UGKK. Es gab auch eine Reihe von Erleichterungen. Allerdings wurden gemäß der Stalinverfassung jede religiöse Propaganda verboten.[xxxvi]

Am 1.11.1944 starb der beliebte Metropolit Šeptyc'kyj. Das Regime genehmigte ein Staatsbegräbnis, zu dem auch Hierarchen der ROK erschienen. Sogar Chruschtschow erschien als Sekretär der ukrainischen KP.[xxxvii]

Der allgemeine Eindruck war, dass auch die katholischen Kirchen des byzantinischen Ritus keine übermäßigen Probleme haben sollten. [xxxviii] Allerdings ging die tolerante Haltung des Sowjetregimes bald nach dem Šeptyc'kyj-Begräbnis zu Ende.[xxxix] Der Nachfolger, Metropolit Dr. Slipyj hat seinen Amtssitz noch ohne Behinderungen eingenommen. Ihm ging es um den Schutz seiner Kirche und er suchte zunächst den Dialog. [xl] Noch hoffte Slipyj, dass das Regime den Religionsunterricht zulassen würde.[xli]

Die Änderung in der Beziehung zwischen dem kommunistischen Regime der Sowjetunion und der UGKK wurde schon in der ersten Woche spürbar, zum ersten Mal als der neue Metropolit eine Delegation nach Moskau schickte, um einen Modus vivendi mit dem Regime zu erreichen und die Anerkennung der UGKK zu erwirken. Zur Delegation gehörte u. a. Kostel'nyk. Sie traf am 22.12.1944 in Moskau ein. Die Delegation brachte das Ergebnis der o. a. Kollekte. Die Regierung empfing sie kühl, das Patriarchat freundlich.[xlii] Die Delegation kam zurück mit der Überzeugung, dass die Sowjetregierung die Vernichtung der UGKK plane.[xliii]

Slipyj schrieb ein Memorandum mit der Forderung, die Rechte der UGKK zu erhalten, alle Punkte wurden abgelehnt mit der Begründung, dass alle Religionsgemeinschaften gleichbehandelt werden.[xliv]

Die ersten Anzeichen für einen Plan, die UGKK zu vernichten, wurden im Laufe des Herbsts und Winters 1944/45 sichtbar. Es begannen Antipropaganda und Verleumdungen gegen Šeptyc'kyj. Slipyj wurde aufgefordert, die Union mit Rom aufzukündigen [xlv]

Noch Ende Dezember 1944 wurde in der Prawda eine Todesanzeige für Šeptyc'kyj veröffentlicht. [xlvi]

Der Plan der Zerschlagung der UGKK beruhte auf drei Hauptfaktoren:

A. <u>Die Sowjetregierung</u>

Laut Art. 124 der sowjetischen Verfassung bestand eine Trennung zwischen Kirche und Staat.[xlvii], unternahm aber alles, um alle Angehörigen der UGKK zum Eintritt in die ROK zu zwingen.[xlviii] Sie „missionierte" sogar zu Gunsten der ROK.[xlix]

Im Herbst und Winter 1944/45 verbot das Regime den ukrainischen Bischöfen Kontakte zu ihren Mitgliedern. Gleichzeitig setzten die Behörden Konferenzen für die Geistlichen an.[l] Polizeiorganisationen gingen gegen Widerstand leistende UGKK-Angehörige vor. Aufgrund falscher Beschuldigungen wurden UGKK-Angehörige schwer bestraft.[li] Die Regierung ernannte Abgeordnete für Angelegenheiten der ROK.[lii] Die ROK hatte keine einzige Gemeinde in der Westukraine.[liii]

Am 15.3.1945 wurde die Geheime Instruktion Nr. 58 erlassen, die bereits am 16. oder 17.3. von Stalin genehmigt wurde. Sie beinhaltete:

Maßnahmen der Loslösung der griechisch-katholischen Kirche vom Vatikan in der UdSSR und deren Eingliederung in die ROK.

Die Errichtung einer orthodoxen Eparchie in L'viv soll erfolgen, zu ihr sollen die (alle noch zu gründenden) Gemeinden in den Bezirken L'viv, Stanislaviv' und Ternopil' gehören.

Notwendigkeit der Gründung einer IG, die offen zur Loslösung vom Vatikan und den unierten Klerus zum Übertritt zur Orthodoxie aufrufen soll.[liv]

In der Folgezeit sammelte der NKGB Material gegen die UGKK.[lv]

Kurz vor seiner Verhaftung ernannte Slipyj vier Exarchen als Administratoren.[lvi]

Der nächste Schritt war eine Kampagne gegen die UGKK durch Presse und Rundfunk. Der Auftakt war ein Artikel von Jaroslav Halan/Galan. [lvii] Der Artikel war gegen Metropolit Šeptyc'kyj gerichtet.[lviii]

Am 10.4. gab es ein Treffen, an dem an dem u. a. Stalin und Alexius teilnahmen. Der Patriarch wurde zur Kooperation veranlasst.[lix]

Am 11.4.1945 begann die eigentliche Verfolgung der UGKK. Bischöfe und angesehene Geistliche wurden festgenommen, ebenso in den folgenden Monaten. Kein Bischof kooperierte mit der KP.[lx] Eine Kampagne knüpfte an die Auseinandersetzung Latinisierer - „Byzantiner" an.[lxi] Parteiredner verbreiteten Polemiken gegen die UGKK.[lxii] Bald darauf erfolgten physische Angriffe gegen die Hierarchie. Das Blatt der ukrainischen Untergrundbewegung „Za Ukrains'ku Deržavu" brachte Augenzeugenberichte: Der erste betraf die Verhaftung aller ukrainischen Bischöfe innerhalb eines Kontrollbezirks am 11.4. durch den MVD mit einem Wohnsitz innerhalb dieses Kontrollbezirks. Es überlebte nur Slipyj. Die Anklage wurde erst Anfang März 1946 veröffentlicht.[lxiii] Den Professoren des Theologischen Seminars wurde vom NKVD auf einer Versammlung mitgeteilt, dass die UGKK nicht mehr existiere, der Metropolit verhaftet wurde, die Kathedrale übernehme der von den Behörden ernannte Bischof.[lxiv] Während der Durchsuchungen verhielten sich die NKVD-Männer sehr brutal.[lxv] Der zweite betraf die Verhaftung zweier Bischöfe in Stanislaviv am gleichen Tag,[lxvi] Nach der Verhaftung der Bischöfe fanden Durchsuchungen der Residenz des Metropoliten und aller kirchlichen Behörden statt. U. a. die Archive wurden konfisziert und nach Moskau gebracht. [lxvii]

Nach der Verhaftung aller Bischöfe verfasste der neugewählte Patriarch Alexius im April einen „Hirtenbrief" an die griechischen Katholiken, dass ihre Bischöfe ihre Gläubigen im Stich gelassen hätten und pro-faschistisch wären. Der Patriarch rief die unierten Kirchen zur Rückkehr zur Orthodoxie auf, gleichzeitig lief Propaganda gegen den Papst, die römisch-katholische Kirche und die Unierten.[lxviii]

Pius XII. versuchte, den Ukrainern und Slipyj mit allen ihm zur Verfügung stehenden Mitteln zu helfen. Slipyj war von sich aus weder gegen die Sowjetunion oder gegen das kommunistische Regime eingestellt. Mit seiner Delegation 1944 hatte er sogar seinen guten Willen gezeigt. [lxix]

Schließlich wurden zahlreiche weitere Geistliche in Konzentrationslager in der nördlichen und östlichen Sowjetunion gebracht.[lxx] Die Alumnen noch offenen Seminare wurden zur Roten Armee eingezogen.[lxxi] Es wurde ein Befehl erlassen, dass nur solche Priester Gottesdienste abhalten durften, die sich beim Amt registrieren ließen. Gleichzeitig wurde in jeder Pfarre ein „Komitee" eingesetzt, das für die Verwaltung des Kirchenguts zuständig war und für die Anstellung von ausschließlich registrierten Priestern. Die Kommunisten haben sehr schnell ihre Vertrauensleute eingeschleust. [lxxii] Die Gemeinderäte wurden von den sowjetischen Behörden gebildet und waren auch berechtigt, Priester zu entlassen.[lxxiii] Die Konsistorien bzw. Domkapitulare von L'viv, rechneten mit ihrer Verhaftung und wollten einen Kapitularvikar wählen nach kanonischem Recht für die Dauer der Vakanz für die Diözesanverwaltung. Dies wurde durch die sowjetische Regierung verhindert.[lxxiv] Daraufhin richtete sich die Verfolgung gegen jene Priester der UGKK, die bisher der Massenvernichtung entgangen waren.[lxxv] Schließlich gelang der sowjetischen Regierung die Bildung einer Initiativgruppe zur Vereinigung der UGKK mit der ROK und zwar durch das Anregen von deren Gründung.[lxxvi]

B. <u>Die ROK unter ihrem Patriarchen Alexius und allen ihren Organisationen</u>

Es besteht laut Hrynioch kein Zweifel an einer engen Zusammenarbeit der Regierung dem Patriarchat der ROK betr. Vernichtung der UGKK. [lxxvii] Bei den Vernichtungsaktionen gegen die UGKK war das Moskauer Patriarchat nicht neutral.[lxxviii]

Schon der Zar bestimmte die Bischöfe, Möglicherweise fühlte sich die Orthodoxie durch ein 1927 geleistetes Gelöbnis an das Regime gebunden oder wollte sich Freiräume erhalten. [lxxix]

Beide Kirchen zum selben Ritus. Bei der Liturgie verwendet die UGKK im Gegensatz zur ROK die Volkssprache. Die ROK hat ihre „sowjetische Identität" betont und hat die UGKK als nationalistische Bewegung hingestellt.[lxxx]

Scharfe Attacken des Moskauer Patriarchats gegen den Vatikan kamen schon im ersten Bericht der Synode der ROK bei der Inthronisation des neuen Patriarchen Alexius im Februar 1945 vor. In ihm verurteilte Alexius Pius XII.[lxxxi] Das offizielle Blatt des Moskauer Patriarchats Žurnal Moskovskoj Patriarchii 1945 enthält zahlreiche gegen den Katholizismus gerichtete Artikel [lxxxii] und in der Botschaft, die er am Ende der Synode an die katholischen Ukrainer in Galizien richtete. Er rief die Katholiken zur Revolte gegen ihre Hierarchen und zum Abfall vom Glauben auf. [lxxxiii] Gottes Segen sei auf der Seite der Gegner Hitlers und des Vatikans, Gott hätte Russland die alten Grenzen wiedergegeben und verurteilt die katholische Kirche, da nicht die reine Lehre vertretend. Er kritisierte die Weihnachtsbotschaft Pius' XII. von 1944/45, der christliche Liebe, Wohlwollen und Vergebung gepredigt hat, als Hitler-freundlich. [lxxxiv] Schon im April 1945, erschienen im ŽMP zwei antikatholische Artikel. [lxxxv] In weiten Teilen der Botschaft hielt sich Alexius sich nicht mit Angriffen auf den ehemaligen UGKK-Metropoliten zurück.[lxxxvi]

Verhaftete Bischöfe kamen vor ein geheimes Gericht und wurden des Hochverrats und der Zusammenarbeit mit den Besatzungsmächten angeklagt. Die Anklage wurde Anfang 1946 veröffentlicht.  Es wurde nur bekannt, dass Metropolit Slipyj zu acht Jahren Deportation und Zwangsarbeit verurteilt wurde, andere wurden zu fünf bis zehn Jahren Zwangsarbeit verurteilt. [lxxxvii] Die schwersten Folgen von Alexius' Anschuldigungen waren, dass sie zur Zerschlagung der formalen Strukturen der UGKK beitrugen, obwohl es sich um Falschinformationen handelte.[lxxxviii] Er forderte die LeserInnen auf, zu ihrer Mutter, der ROK, zurückzukehren. Diese Botschaft diente auch als Richtlinie für spätere Aktionen der Regierungsorgane und der IG. Die IG sollte vortäuschen, dass die Vereinigung mit der ROK freiwillig erfolgt sei und Regime und Patriarchat damit nichts zu tun hätten. [lxxxix]

### C. Der Umsturz von innen her durch Kleriker und Gläubige der UGKK

Das offizielle Protokoll der L'viver Synode der Griechisch-Katholischen Kirche in der Westukraine wie einige Briefe geben als Datum für das erste Auftreten der IG den 28.5.1945 an.[xc]

Die Aufgabe der IG war es, den Aktionen der Regierung des Moskauer Patriarchats den Schein der Legalität und Freiwilligkeit zu verschaffen. Sie sollte die UGKK von innen her aushöhlen.[xci] Die KP der Sowjetunion wandte solche Methoden immer dann an, wenn Druck von außen nichts nützte.[xcii]

Für die oberste Leitung wurde aus jeder Diözese ein Priester gewählt. Dr. Koste'lnyk/L'viv, der zum Leiter gemacht wurde, Dr. Mel'nyk/Peremyšl und Pel'vec'kyj/Stanislaviv'. Auf der Suche nach einer gehorsamen Person wurde das Regime schon während der ersten Besatzung auf Kostel'nyk aufmerksam. Er war ein in ukrainischen kirchlichen Kreisen sehr bekannt und sehr angesehen. Er galt schon immer als Kritiker der Politik des Vatikans gegenüber den katholischen Ostkirchen. Es gab jedoch kein Anzeichen, dass er die Union mit Rom lösen wolle. Sie versuchten, ihn durch lange nächtliche Unterredungen zu gewinnen und boten ihm sogar an, Nachfolger von Šeptyc'kyj zu werden. Noch gab Kostel'nyk nicht nach, für die Kommunisten war es nur eine Frage der Zeit, wann er zusammenbrechen würde.[xciii] Es war jedoch den sowjetischen Behörden bekannt, dass Kostel'nyk seine Familie sehr liebte. Um sein Nachgeben zu erzwingen, wurde sein Sohn gefoltert. Er müsse er allen Vorschlägen zustimmen, sonst töte man seine Familie. Seine anderen Söhne kämpften auf deutscher Seite und flüchteten nach Deutschland. Jetzt befand er sich in einer fast aussichtslosen Lage, er wurde außerdem 1944 erneut verhaftet. [xciv] Auf Anordnung des neuen Metropoliten Slipyj führte Kostel'nyk die o.a. Delegation der UGKK nach Moskau an und verzweifelte an deren Scheitern. Er wurde als Volksfeind verhaftet, aber freigelassen und Leiter der IG. Nach seinem Zusammenbruch war er ein gefügiges Werkzeug der Regierung und des Patriarchats bis zu seinem Tod 1948. Er wurde von einem Unbekannten erschossen. Regierung und das Patriarchat machten die Ukrainische Aufständische Armee/UPA (die sich nicht äußerte) verantwortlich und beschuldigten den Vatikan, der eigentliche Drahtzieher zu sein noch vor dem Untersuchungsergebnis. Viele Ukrainer glaubten, dass der Drahtzieher das KP-Regime war, weil er ihnen nicht mehr nützlich war und auch mehr passiv als aktiv die Zerschlagung der UGKK (mit)betrieben hat. So war er für einen längerfristigen und gegen einen allzu schnellen Übergang zur ROK[xcv]

Die zweite Hauptperson war Dr. Mel'nyk. Später tauchten Privatbriefe von ihm auf, dass er erst nach Folter eingewilligt hat. Er wurde Bischof der ROK und starb am 1955 plötzlich unter mysteriösen Umständen. Er hatte einen aus der Haft entlassenen Priester auf der Flucht ins Ausland unterstützt. In einem Hirtenbrief schrieb er nach der Synode, dass er hoffte, dass die UGKK auf diese Weise nicht völlig zerstört werde.

Die dritte Hauptperson war Dekan Pel'vec'kyi, Vertreter der Diözese Stanislaviv'. Er wurde Bischof der ROK und starb plötzlich 1956 oder 1957'.[xcvi]

Keiner der drei Männer hat die UGKK freiwillig zerstört. Dennoch dürfte der Geheimdienst alle drei ermorden habe lassen, da sie unbequeme Mitwisser waren. Ein möglicher Grund auch für andere Gläubige für die Konversion zur ROK war. den

Glauben wenigstens auf diese Art und Weise zu bewahren.[xcvii] In der Zeit zwischen der Gründung der IG und der „Synode" betrieb diese die Zerschlagung der UGKK und ihre Wiedervereinigung mit der ROK.[xcviii]

Das erste Dokument des Initiativausschusses ist eine Bittschrift an die ukrainische Sowjetregierung: Es herrsche Anarchie innerhalb der UGKK und die IG bitte daher die sowjetische Regierung, die Vereinigung mit der ROK, der Kirche ihrer Vorfahren, zu genehmigen. Die Anarchie hat das Regime verursacht  und das Kanonische Recht sah Regelungen für Sedisvakanzen vor.[xcix] Für die Vereinigung der UGKK mit der ROK wurden keine religiösen Argumente angeführt, als Argumente wurden politische und nationale Realitäten angeführt.[c] Die Führung der IG tadelte an der UGKK gemäß der sowjetischen Historiographie das Unrecht, das der Vatikan, Österreich und Hitler-Deutschland der ukrainischen katholischen Bevölkerung angetan hätten.[ci] Sie schrieben, dass das Volk der Westukraine seit dem 14. Jahrhundert unter westeuropäischem Einfluss stand und misstrauisch gegenüber der Sowjetunion war.[cii] Laut Ukrainern, auch orthodoxer, waren das Stärken, laut Moskau schlimmste politische Verbrechen.[ciii] Am Schluss präsentierte die IG ihren Aktionsplan, sie war dafür, die Vereinigung längerfristig anzulegen und Konflikte möglichst zu vermeiden und die Angehörigen der UGKK sollen von den Vorteilen der ROK überzeugt werden. Die IG würde ihre Mitglieder registrieren. Die Verfasser hielten nur eine Zusammenarbeit der IG mit der Regierung und dem Synod der ROK für aussichtsreich.[civ]

Auch am 28.5.1945 informierte die IG den katholischen Klerus der Westukraine. Der Hauptunterschied zum obigen Dokument war, dass der Klerus vor offenbar vollendete Tatsachen gestellt wurde.[cv]

Am Tag der Gründung der IG wurden drei Hirtenschreiben veröffentlicht:

- Von Alexius an die ukrainischen Katholiken Galiziens: er sei ihr oberster Hirte
- Vom orthodoxen Erzbischof von L'viv Makarios: nach der Verhaftung der griechisch-katholischen Bischöfe sei er mit der Leitung der griechisch-katholischen Christen beauftragt worden.
- Von Kostel'nyk an den Klerus der Westukraine: Er teilte ihnen die Konstituierung der IG mit und rief Geistliche und Gläubige dazu auf, der IG

beizutreten. Die sowjetische Regierung akzeptiert keine Leitung außerhalb der IG.[cvi]

Die Beteiligung der Sowjetregierung an der (formellen) Zerschlagung der UGKK, die laut Bittschrift unvermeidlich war, widersprach dem Dekret Lenins vom Februar 1918 und der Stalin-Verfassung von 1936.[cvii]

Am 18.6.1945 antwortete die sowjetische Regierung, die IG konnte sich darauf berufen. Das Schreiben war an die drei Leiter der IG gerichtet:

1. Die IG wurde war die alleinige juridisch-kirchliche und verwaltungsmäßige Körperschaft, die ohne Vorbehalte die griechisch-katholischen Gemeinden zu kontrollieren und die Union mit der ROK zu fördern.
2. Die IG hat das Recht, jene Gemeinden zu vertreten in Übereinstimmung mit den zuständigen sowjetischen Behörden.
3. Im Lauf der Registrierung der griechisch-katholischen Gemeinden und religiösen Häusern soll die IG den Vertretern des Rates der Volkskommissare der Ukrainischen SSR die Listen der Dekane, Superioren und religiösen Häuser senden, die sich weigern, sich der IG zu unterwerfen.

Unterschrieben wurde es vom Vertreter der ROK im Rat der Volkskommissare der Ukrainischen SSR. [cviii]

Weltweit galten für viele die Beschlüsse der „Synode" von L'viv im März 1946, die durch die sowjetische Propaganda weit verbreitet wurden, als das Ende der UGKK in der Westukraine. [cix] Auf der anderen Seite beabsichtigte die sowjetische Regierung, den Eindruck einer freiwilligen Selbstauflösung der UGKK zu erwecken.[cx]

Dieses Dekret ist eine offensichtliche Einmischung in innere Angelegenheiten der UGKK und gegen das Kirchenrecht. Dies kann in allen Kirchen nur die kanonische Hierarchie der jeweiligen Kirche erfolgen. Dennoch traten bis Ende Juni 1945 laut Hrynioch nur wenige Geistliche der IG bei. Wer sich weigerte, der IG beizutreten, wurde von der sowjetischen Polizei verhaftet.[cxi]

Die IG wurde in ganz Galizien aktiv, drohte Priestern, die sich nicht unterwerfen wollten, mit Entzug ihrer Pfarren und Deportation. Viele unterschrieben erst in der Haft, fügten sich aber nur äußerlich, andere schlossen sich den Polen an, um der

Unterschriftsleistung zu entgehen. Andere verschwanden zu den Partisanen in den Wäldern.[cxii]

Am 1.7.1945 wurde sogar ein Protestschreiben von 300 Priestern der UGKK in L'viv unterzeichnet. Er war an Molotov gerichtet mit folgendem Inhalt:

- Durch die zahlreichen Verhaftungen von UGKK-Geistlichen, vor allem des Episkopats, befindet sich ihre Kirche in einer großen Krise.
- Durch die IG ist die Lage noch komplizierter.
- Im Schreiben der drei IG-Anführer vom 28.5.1945 an die Geistlichen steht die Unwahrheit.
- Die Unterzeichner betonen der Regierung gegenüber, dass sie loyale Bürger der Ukrainischen SSR sind.
- Sie wollen nicht politisch tätig sein, sondern nur seelsorgerisch.
- Sie lehnen die IG ab, da sie gegen die Traditionen Christi und der Kirche seien und zum Abfall vom Glauben aufhetze.
- Sie fürchten einen Religionskrieg, der auch dem Staat schade.
- Sie ersuchen um die Freilassung der Bischöfe, bis dahin möchten sie ihre Angelegenheiten selbst regeln.
- Sie berufen sich auf die Stalin-Verfassung von 1936 und dass die Glaubens- und Gewissensfreiheit auch für sie gelte.
- Die Revolution von 1917 wurde im Namen von Idealen geführt, die überall in der Welt gelten.
- Sie gehen vom guten Willen der Regierung aus und dass der Konflikt auf Missverständnissen beruhe.[cxiii]

Die Kommunisten vermieden es jedoch, selbst das Volk zum Austritt aus der UGKK aufzufordern. [cxiv]

Am Ende waren nur mehr die orthodoxen Kirchen offen. Die Gläubigen beteten und tauften zu Hause, wie es ihnen rechtzeitig von den Priestern gelehrt wurde.[cxv]

Der Protest blieb ohne Erfolg und die Verfasser erhielten auch keine Antwort. Das Regime begann im Gegenteil, die Unterzeichner zu verhaften und ihre Kirchen wurden geschlossen. Auch die Synode von 1946 kann eine Reaktion darauf sein.[cxvi]

Im August 1945 wurde Kostel'nyks Streitschrift „Der Apostel Petrus und die römischen Päpste" (1931) neu aufgelegt.[cxvii]

Gegenüber der katholischen Auslandspresse wurden die Verhaftungen damit verteidigt, dass diese wegen Kollaboration mit Deutschland erfolgt seien.[cxviii]

Seit Jänner 1946 herrschte in der Westukraine der Ausnahmezustand, der unter anderem mit den abgehaltenen Wahlen zum Obersten Sowjet und den anhaltenden Attentaten der ukrainischen Untergrundbewegung begründet wurde. [cxix]

### D. Die „Synode" (slaw. Bezeichnung Sobor) von L'viv vom 8. – 10.3.1946

Nach einigen Monaten schien der IG und ihren Hintermännern die Zeit reif dafür, die Zwangsvereinigung der UGKK mit der ROK durchzuführen. Da die UGKK durch das Dekret der sowjetischen Regierung bereits de facto aufgelöst war, sollte die Synode der Welt demonstrieren, dass die UGKK sich freiwillig und legal der ROK (wieder) angeschlossen habe. Alle Teilnehmer wurden unter den Anhängern der IG ausgewählt, Bereits im Februar 1946 erhielt die Synode den Segen des Patriarchen.[cxx]

Der Heilige Stuhl und die Bischöfe der UGKK außerhalb des Landes erklärten diese Synode für ungesetzlich und ihre Entscheidungen für ungültig. Pius XII. selbst wies darauf hin, dass die Synode illegal war. Eine legale Synode kann nur von der legitimen Hierarchen der jeweiligen Kirche einberufen werden. Diese „Synode" hat sich selbst eingesetzt und ihre Jurisdiktion beruht dem Mandat der Sowjetregierung. Die Sowjetregierung war nicht nur nach dem Kanonischen Recht nicht dazu berechtigt, sondern auch nach ihrem eigenen Recht (Dekret über Trennung von Kirche und Staat 1918, Stalin-Verfassung 1936).[cxxi] Die Synode war aber auch nach orthodoxem Kirchenrecht illegal, auch hier muss eine Synode/Konzil vom rechtmäßigen Hierarchen einberufen werden.[cxxii] Weiter war die Zusammensetzung der Delegierten der Synode von L'viv illegal. Daher ist sie aus kirchenrechtlicher Sicht keine Synode, sondern ein einfaches Treffen, Laut Stricker waren die Delegierten strengstens ausgewählt und eingeschüchtert.[cxxiii]

Die Organisatoren und 10 weitere Priester gehörten bereits der ROK an. In den Synodalakten wird eine große Zeremonie beschrieben, in der 13 Priester den „lateinischen Irrtümern" abschworen und orthodoxe Priester wurden. Die beiden zölibatären Priester Pel'vec'kyj und Mel'nyk unter Ausschluss der Öffentlichkeit zu orthodoxen Bischöfen geweiht, gleichzeitig wurde dem verheirateten Kostel'nyk die Mitra verliehen und der selten verliehene Titel Protopresbyter, mit dem er allerdings rangmäßig unter den beiden anderen stand. Es war allerdings der höchste Rang, den ein verheirateter Priester erreichen konnte. Damit haben Bischöfe der einen (ROK), eine Synode einer anderen (UGKK) einberufen. Dies war nur möglich durch die Rückendeckung des Regimes. Die Konvertiten hielten ihren Übertritt zur ROK geheim. Erst nach der Abstimmung über die Vereinigung mit der ROK gab Kostel'nyk den Teilnehmern bekannt, dass Mel'nyk und Pel'vec'kyj bereits Bischöfe der ROK waren. Pel'vec'kyj hielt eine Rede und erweckte den Eindruck, noch Priester der UGKK zu sein. Die meisten Teilnehmer ahnten nicht, dass ein orthodoxer Bischof zu ihnen sprach. Für die ROK ist der synodale Charakter gegeben, für die UGKK nicht, sondern die Versammlung ist für diese eine Pseudosynode, da kein Bischof der UGKK teilnahm. Das Ausmaß der Beteiligung der ROK ist strittig. Problematisch ist, dass die ROK noch immer diese Versammlung als kanonisch ansieht.[cxxiv] Hätten die dreizehn Konvertiten von Anfang an zugegeben, bereits orthodox zu sein, hätten sie keine zentrale Rolle auf der Synode spielen können, sie hätten nur als Gäste oder Vertreter einer anderen Religionsgemeinschaft teilnehmen dürfen.[cxxv]

Bei den beiden Bischöfen und dem Mitraträger lagen Vorbereitung, Organisation, Leitung und alle wichtigen Entscheidungen der Synode. Sie haben die meisten Teilnehmer durch das Verschweigen ihrer Konversion getäuscht.[cxxvi] Den Organisatoren war laut Hrynioch bewusst, dass an der Synode, auch die Bischöfe der UGKK hätten teilnehmen müssen, diese waren jedoch alle zu diesem Zeitpunkt inhaftiert. Den inhaftierten Bischöfen wurde die Freilassung versprochen, wenn sie sich der IG anschließen und an der Synode teilnehmen würden. Slipyj wurde am Ende seiner ersten Haft sogar eine hohe Position innerhalb der ROK angeboten. Er lehnte ab wie die anderen Bischöfe. [cxxvii] Da die Anwesenheit eines Bischofs bei einer Synode war aber unbedingt erforderlich war, nahm Alexius die o. a. Bischofsweihen vor. Dabei war er nicht einmal berechtigt, Priester einer anderen orthodoxen Kirche zu weihen, geschweige denn, einer katholischen. [cxxviii]

Die Mehrheit des Klerus war gegen die IG und eine Vereinigung mit der ROK.[cxxix]

Auf einer regulären Synode wird die Arbeit gewöhnlich von mehreren Komitees ausführlich diskutiert.[cxxx] Auf der in L'viv 1946 war alles von den Organisatoren und ihren Helfern bereits im Vorfeld entschieden worden. Es gab es keine Präsidiumswahl, da laut dem Chronisten nicht nötig. Kostel'nyk galt bei den Delegierten nicht nur als Administrator der UGKK, sondern auch als Führer einer großen und bekannten kirchlichen Bewegung. Er wurde Vorsitzender der Synode und gab die Tagesordnung bekannt.[cxxxi]

Diese bestand aus zwei Ansprachen von Pel'vec'kyj und als zweiter Kostel'nyk. Kostel'nyk argumentierte weder theologisch noch kanonisch, sondern politisch. Sein Hauptargument für die Vereinigung mit der ROK war, dass sich für die UGKK eine neue politische Situation ergeben hätte, ihr Gebiet sei jetzt sowjetisches Territorium, aufgrund dieser Situation müsse sie ihre Beziehungen zum Heiligen Stuhl beenden und sich der ROK anschließen. Die beiden Reden dauerten ungefähr 40 Minuten. Kostel'nyk sprach davon, dass die Union mit Rom 1596 nur aus politischen Motiven zum Vorteil Roms geschlossen worden sei. Die Ukraine wolle sich wieder von seiner „Stiefmutter" Rom trennen und zur „wahren Mutter" (ROK), zurückkehren. Er argumentierte auch, dass die Union ihre Vitalität verloren und einen künstlichen Charakter habe. Pel'vec'kyj wollte die Existenz der Kirche wenigstens auf diese Weise sichern. Nach den beiden sprachen elf weitere schon im Vorfeld bestimmte Redner. Auch diese führten hauptsächlich politische Gründe für die Vereinigung mit der ROK an. Im Lauf von drei bis vier Stunden wurde über komplexe Probleme entschieden (theologische, historische, Union von Brest...). Sie hätten aber alles auf das Gründlichste diskutiert.

Am 9.3. schworen die an der Synode teilnehmenden Priester „den lateinischen Irrtümern" ab.

Nach dem Ende der „Debatte" trug Kostel'nyk die Entwurfsbestimmungen der Synode vor. Daraufhin wurde abgestimmt durch das Heben der Hände, das Ergebnis war einmütig. Die Synode endete mit einer inszenierten großen Zeremonie (Göttliche Liturgie am Sonntag der Orthodoxie), in der die (Zwangs)Union feierlich durchgeführt wurde.

In der Schlussresolution stand, dass die Union nur auf den Druck des polnischen Adels hin entstanden sei, dass durch die Siege der „großen" Sowjetunion jetzt alle Ukrainer und ukrainischen Gebiete jetzt dort brüderlich vereint seien, daher die UGKK nicht (mehr) zeitgemäß sei und man daher die Beziehungen zum Vatikan abbreche und zur ROK zurückkehre. Den Staatsmännern der Sowjetunion und des ukrainischen Staates wurde der Dank ausgesprochen und der Rat der Volkskommissare der UdSSR sollte informiert werden.

Alexius beeinflusste die Synode durch die Weihe der Anführer der IG zu Bischöfen der ROK und durch ein Telegramm, in dem er zur Vereinigung mit der ROK aufrief und drei hohe Geistliche, die auch Ansprachen hielten. Ebenfalls beteiligt waren die sowjetischen Behörden, wie viele Agenten der Geheimpolizei anwesend waren, ist laut Hrynioch unbekannt.

Andere Teilnehmer waren enttäuscht vom Ergebnis der Synode. Wer dafür stimmte, versuchte nur zu retten, was zu retten war d. h. in der Regel, seinen Glauben weiter ausüben zu können im byzantinischen Ritus.[cxxxii]

Die zwangsweise Wiedervereinigung mit der ROK wurde betrieben, damit Moskau die Ukraine unterwerfen konnte, die Liquidation der UGKK hatte rein politische Ziele.[cxxxiii]

3. <u>Im Untergrund bis Mitte 1953</u>

Formell hat damit die UGKK zu bestehen aufgehört und war keine legale Institution mehr, jede Aktivität für die UGKK war jetzt verboten und strafbar. Im Untergrund bestand sie informell jedoch als Geheimkirche weiter. Die Sukzession der Bischöfe konnte aufrechterhalten werden, die Weihen erfolgten durch Geheimbischöfe im Untergrund. Die Seelsorge wurde nicht zentral koordiniert und die einzelnen Seelsorgegebiete nicht streng voneinander getrennt. Bischöfe, so ferne sie von den ihnen unterstellten Geistlichen, erreicht werden konnten, wurden von diesen nur in dringenden Fällen um Rat ersucht, teilweise wurden deren Namen und andere Daten aus Sicherheitsgründen nicht allen Priestern bekannt gegeben. Daher handelten die Priester meist aus eigener Initiative, laut Kmyta wurden aber die Empfehlungen der Bischöfe meist befolgt. Die Bischöfe sollten vor allem die ununterbrochene Bischofsnachfolge gewährleisten, im Kontakt mit dem Papst bleiben und die geheimen Priesterseminare organisieren. Die Geistlichen und Laien rückten durch die ständigen Verfolgungen mehr zusammen. Die Bischöfe wurden von Kirchenfürsten zu geistlichen Vätern und zu Vorbildern für die Gläubigen.[cxxxiv]

Der Ritus (byzantinisch) war derselbe wie bei der ROK, laut Heyer waren die Unterschiede im Gottesdienst gering.[cxxxv]

Anfang April 1946 reiste eine Delegation unter der Leitung von Kostel'nyk nach Moskau. Es fand die Audienz bei Alexius statt. Zum gleichen Zeitpunkt mussten Hunderttausende Angehörige der UGKK in die Verbannung gehen. Am 7.4. erhob der Patriarch Makarios zum Erzbischof von L'viv und Ternopil, dann wurde er Bischof von Galizien, später zum Erzbischof von L'viv und Ternopil'.[cxxxvi] Ungefähr zu diesem Zeitpunkt wurde vom Rat für Angelegenheiten der Orthodoxen Kirche ein Dokument veröffentlicht, in dem offiziell von Wiedervereinigung von UGKK und ROK gesprochen wurde, diese wurde historisch begründet. Šeptyc'kyj und Slipyj wurden als Klassenfeinde hingestellt, der antisowjetischen Einstellung und der Kollaboration mit dem NS-Regime bezichtigt.[cxxxvii]

Am 9.4. wurde Kostel'nyk von der TASS interviewt.[cxxxviii] Bald danach erschien der Bericht über die Synode. Die kirchlichen Veränderungen wurden damit begründet, dass das orthodoxe Bewusstsein nie erloschen sei. Diese Beweisführung enthält laut Heyer wesentliche Gesichtspunkte. Jetzt wäre ein günstiger Zeitpunkt für die Disunion gewesen.[cxxxix]

Vom 29.5. – 3.6.1946 dauerten die Militärgerichtsverfahren gegen die am 11.5.1945 verhafteten Bischöfe.[cxl]

Pel'vec'kyj veröffentlichte ein Buch über die Synode. Als Bischof versuchte er, die noch zögernden Kleriker zu überzeugen, der ROK beizutreten.[cxli] Erzbischof Makarios veröffentlichte im Amtsblatt der Diözese ein Verzeichnis jener ukrainischen Priester, die zur orthodoxen Kirche übergetreten sind. Falls diese Zahlen stimmen, sind ist eine große Anzahl katholisch geblieben. Die zur IG Übergetretenen sind (oft) nicht aus Überzeugung dort beigetreten, sondern nach „Gesprächen unter vier Augen". Viele Priester, die unterschrieben haben, arbeiteten aber weiterhin mit der UGKK zusammen. Die Konversionen zur ROK sagen nichts über die tatsächliche Überzeugung aus.[cxlii]

Für ehemalige Bischofssitze der UGKK, die jetzt zur ROK gehörten, bevorzugte der Moskauer Patriarch ehemalige Geistliche der UGKK.[cxliii]

Alle Schulen, Institute, theologischen Seminare, Pressehäuser, Pfarrhäuser, Klöster, andere Gebäude der Gemeinden wurden verstaatlicht oder der ROK übergeben, Religiöse Vereinigungen, Caritas o. ä. wurden verboten.[cxliv] Geistliche und Mönche, unter denen sich auch Männer befanden, die zur ROK konvertiert waren, wurden in Gefängnisse gesperrt oder in die Verbannung geschickt, Hunderttausende Gläubige in den Osten der Sowjetunion bzw. Sibirien verschleppt oder sie lebten verstreut über große Gebiete. Andere arbeiteten in zivilen Berufen. Sie besaßen jedoch das Vertrauen der Gläubigen, waren eine wichtige Stütze der Untergrundkirche. Ordensfrauen hielten ihre Gottesdienste notfalls selbst. Darüber hinaus erteilten wie ihren Mitgefangenen Katechismusunterricht. Die zugewiesenen Arbeiten und die äußeren Umstände waren hart und schwer. Der Verlust der Kontakte zu ihren Gemeinden stellte eine Belastung dar. Besuche erhalten und schriftliche Außenkontakte waren ihnen verboten. Die Bischöfe wurden in alle Teile der Sowjetunion deportiert, wo fast alle umkamen. Auch wenn es Slipyj und anderen Geistlichen gelang, Kontakte zu ihren Gläubigen herzustellen, war dies selten und oft bruchstückhaft. Slipyj war jahrelang inhaftiert. Auch Pfarrer lehnten es ab, zur ROK zu konvertieren und setzten ihre seelsorgerische Tätigkeit im Gefängnis fort. Der Klerus und die Ordensleute wurden verurteilt nach dem politischen Artikel 54 des Strafgesetzbuches der Ukrainischen SSR (Widerstand gegen das Regime inkl. Vaterlandsverrat). Es wurden verhängt: 10 – 25 Jahre Haft, oft verbunden mit dem Entzug des Eigentums und/oder der bürgerlichen Ehrenrechte auf 5 – 10 Jahre (in letzterem Fall wurde man aus der Haft entlassen, lebte dann in der Verbannung). Der tatsächliche Haftgrund war ihre Treue zum Papst. Die Seminaristen lebten verstreut oder flüchteten. [cxlv] Aber nicht jeder zur Orthodoxie übergetretene Geistliche ließ sich von der KP steuern. Darüber hinaus gab es auch „Krypto-Unierte". Es gab Geistliche, die nach außen hin Angehörige der ROK waren, aber heimlich nach wie vor für die UGKK tätig waren. Laut Stricker vollzog der Klerus, der zur Orthodoxie übertrat, diesen Schritt nur pro forma, vor allem in der Westukraine soll es laut ihm zahlreiche krypto-unierte Gemeinden gegeben haben.[cxlvi]

Die Gläubigen blieben jedoch im Wesentlichen dem griechischen Katholizismus treu, Gehorsam gegenüber der ROK war z. T. nur äußerlich. Die Pfarren, deren Priester verhaftet wurden, mussten jetzt mit orthodoxen Priestern besetzt werden. Orthodox (gewordene) Kirchen wurden oft gemieden. Pfarrgemeinden waren zwar de jure orthodox geworden, de facto aber griechisch-katholisch geblieben. Taufen,

Gebetsversammlungen, Begräbnisse etc. fanden jetzt im geheimen statt, Gottesdienste wurden notfalls sogar von Frauen geleitet. Zum Teil wurden sehr weite Wege in Kauf genommen, um einen griechisch-katholischen Gottesdienst besuchen und Sakramente empfangen zu können. Gläubige schrieben die Liturgien aus dem Gedächtnis nieder. Selbst die offizielle Zeitschrift der Diözese L'viv der ROK musste Widerstand gegen die ROK einräumen. Da die Klöster zwangsweise geschlossen wurden, bildeten sich kleine Klostergemeinschaften im Untergrund. diese wurden zu Zentren des Widerstands.

Für mit Orthodoxen neu zu besetzenden Pfarren standen nicht genug orthodoxe Priester zur Verfügung, daher setzte die KP Parteimitglieder als Popen ein, die in ihren neuen Gemeinden oft unbekannt waren. Eine Alternative stellte der Besuch „lateinischer" Messen in geöffneten Kirchen dar. Den zur ROK Übergetretenen soll es (oft) psychisch sehr schlecht gegangen sein. Die bei der UGKK verbliebenen Pfarrer waren nach wie vor bei ihren Pfarrangehörigen sehr beliebt. Diejenigen griechisch-katholischen Priester, die sich 1946 bereit erklärt haben, ihre Tätigkeit im Rahmen der ROK fortzusetzen, wurden von ihren Gemeinden Unterzeichner/Pidpusaiky genannt, ein Teil der Gläubigen vertraute ihnen nicht und nutzten daher die o. a. illegalen Gelegenheiten. Trotz aller Umerziehungsversuche und der Übergabe zahlreicher Pfarren an die ROK weigerten sich viele Gläubige, ihre liturgischen Gebräuche aufzugeben. Die Kirche wurde daher nicht zu Unrecht nach wie vor von den Kommunisten als Gefahr für ihr Regime betrachtet. Alle Maßnahmen der Hierarchen und anderer Geistlicher wären aber erfolglos gewesen ohne das Engagement der Gläubigen. [cxlvii]

Die wichtigsten indirekten Beweise für das Weiterleben in den 40er und 50er Jahren war die Propaganda gegen den Vatikan.[cxlviii]

Am 24.9.1949 erhielten Mitglieder des Politbüros des ZK der KP und Chruschtschow eine geheime Mitteilung über die erfolgreiche Liquidierung der griechisch-katholischen Kirche in fünf Gebieten der UdSSR.[cxlix]

Während des stalinistischen Terrors waren Verbindungen zur Außenwelt kaum möglich, daher gelangten keine zuverlässigen Nachrichten ins Ausland.[cl]

Der Klerus setzte seine seelsorgerische Tätigkeit fort. Slipyj bekam mindestens einen Hirtenbrief an seine Gläubigen durch, auch Pfarrer konnten Nachrichten an ihre

Gemeinden schicken. Gottesdienste wurden an ungewöhnlichen Orten gefeiert. Sakramente wurden auch Gläubigen anderer Kirchen gespendet. Es wurden auch heimlich Sendungen von Radio Vatikan gehört, wenn sie nicht durch Störsender unterbrochen wurden.[cli]

Nicht einmal die Angehörigen der IG wurden vom KGB verschont. Ihre Zeitung „Eparchialbote" musste bereits in der 2. Hälfte des Jahres 1946 eingestellt werden.[clii]

In Galizien traten Rechtsvorschriften in Kraft, die die Rolle der Laien in den Gemeinden stärkten, gleichzeitig mit dem Erlass der Registrierungspflicht Anfang 1945. In den gewählten Kirchenvorständen/Dvazatka von 20 Mitgliedern waren viele Krypto-Unierte.[cliii]

Durch die Verbannungen und Inhaftierung in z. T. 15.000 km entfernte Gebiete z. B. im asiatischen Teil der Sowjetunion (Sibirien und Ferner Osten) wurde die UGKK sogar in Gegenden aktiv, in denen sie vorher nicht vertreten war.[cliv]

Bis 1951/52 befand sich laut dem UGKK-Aktivisten J. Terelja die UGKK in einem Schockzustand, jedoch setzten Gläubige die Arbeit fort. Nicht inhaftierte Priester waren im Untergrund tätig.[clv]

In der Zeit nach Stalins Tod kam es zu Erleichterungen, die laut Wolf auch ein indirekter Beweis für das Fortleben der GKK seien. Zunächst wollte Berija die Russifizierungstendenzen bremsen und die Beziehungen Sowjetunion-Vatikan normalisieren und die UGKK wieder legalisieren, worauf die UGKK ihre Aktivitäten im Untergrund erheblich steigerte. Dies scheiterte an der Verhaftung Berijas. Unter Chruschtschow kam es zu Amnestien, Hunderte Priester wurden aus ihren Verbannungsorten entlassen, auch einige Bischöfe. Trotz weiterhin aufrechten Verbots der UGKK setzten sie ohne sichtbare Strukturen ihre Tätigkeit fort. Damals kehrte trotz weiterer Repressionen eine gewisse Ruhe ein, bis die Verfolgung aller Religionsgemeinschaften ab Herbst 1959 wieder zunahm.[clvi]

Es kam auch innerhalb der UGKK zu Meinungsverschiedenheiten, auf die auch KGB-Mitarbeiter aufmerksam wurden. Der Geheimdienst beobachtete und überwachte die Tätigkeiten der Untergrundbischöfe und -priester sehr genau.[clvii]

Darüber hinaus konnte die Kirche im Exil überleben, spätestens seit 1949 konnte sie legal nur mehr außerhalb der sozialistischen Staaten überleben.[clviii]

## IV.  <u>LITERATURVERZEICHNIS</u>

1.  Internetquellen

*https://www.ots.at/presseaussendung/OTS_20090729_OTS0110/ukraine-stalin-befahl-zerstoerungder-griechisch-katholischen-kirche* , datiert mit 29.7.2009, abgerufen am 24.4.2024 und am 21.8.2024

https://rgow.eu/news/dokumentenfund-stalin-befahl-zerstoerung-der-ukrainischen-griechisch-katholischen-kirche , abgerufen am 22.8.2024 mit größeren Textauszügen


2.  Gedruckte Quellen

<u>Bociurkiw,</u> Bohdan R. *The Ukrainian Greek Catholic Church and the Soviet State: (1939 - 1950).* 1996 (Kmyta und Németh verwendeten allerdings die ukrainische Übersetzung, die ich mangels Ukrainischkenntnissen nicht verwenden konnte)

<u>Bublyk,</u> Taras u. a.. *Zum Licht der Auferstehung durch die Dornen der Katakomben: Untergrundtätigkeit und Legalisierung der Ukrainischen Griechisch-Katholischen Kirche.* 2013 (keine durchgehende Paginierung, nicht paginierte Seiten wurden eingeklammert)

*Die <u>ersten Opfer</u> des Kommunismus.* 1953

<u>Heyer,</u> Friedrich. *Kirchengeschichte der Ukraine im 20. Jahrhundert.* 2003

<u>Hrynioch,</u> Ivan. *Die Zerstörung der Ukrainisch-Katholischen Kirche in der Sowjetunion.* [1980] (zugleich deutsche Übersetzung eines englischen Artikels in: Prologue Quarterly: Problems of Independence and Amity of Nations", Vol. IV, Nr. 1 – 2, Sommer 1960)

<u>Kirche in Not</u> – Ostpriesterhilfe (Hg.). *Die ukrainische katholische Kirche* (= Beiträge zur Religions- und Glaubensfreiheit 1), 3. erweiterte Auflage.1990

<u>Kmyta,</u> Olga. *Spiritualität im Untergrund: die pastorale Tätigkeit des Basilianerordens in der Ukrainischen Griechisch-Katholischen Kirche in der Zeit der kommunistischen Unterdrückung (1946-1991), Dissertation.* 2017

<u>Komp,</u> Hans-Dieter. *Die kommunistische Religionspolitik gegenüber der unierten griechisch-katholischen Kirche der Ukraine seit 1944.* 1979

<u>Németh,</u> Thomas Mark. *Eine Kirche nach der Wende: die Ukrainische Griechisch-Katholische Kirche im Spiegel ihrer synodalen Tätigkeit.* 2005.

Wolf, Josef Maria de. *Katholisch sein ist ein Verbrechen: Fakten und Dokumente über die offizielle Liquidierung der ukrainisch katholischen Kirche in der Sowjetunion und ihr Fortbestehen als Katakombenkirche.* [1987]

# V.   __ANMERKUNGEN__

[i] *https://www.ots.at/presseaussendung/OTS_20090729_OTS0110/ukraine-stalin-befahl-zerstoerungder-griechisch-katholischen-kirche* , datiert mit 29.7.2009, abgerufen am 24.4.2024 und am 21.8.2024, https://rgow.eu/news/dokumentenfund-stalin-befahl-zerstoerung-der-ukrainischen-griechisch-katholischen-kirche, abgerufen am 22.8.2024

[ii] Wolf, S. 7f.

[iii] Wolf, S. 8, Hrynioch, S. 8 Anm. 4

[iv] Wolf, S. 8f.

[v] Wolf, S. 9

[vi] G. Stricker, Die Kirche der Union in der Westukraine und in der Karpato-Ukraine, in: Kirche in Not, S. 28

[vii] Wolf, S. 31, Die ersten Opfer S. 69f. zeigt die Verschlechterung der Situation der UGKK zwischen 1939 und 1953 (Erscheinungsdatum des Buches), zur Situation in der Zwischenkriegszeit siehe Bublyk, S. (8f.)

[viii] Németh, S. 11 und Anm. 34

[ix] Németh, S. 12 und Anm. 35, Komp, S. 24

[x] Wolf, S. 32

[xi] Wolf, S. 32f., I. Dacko, Historischer Überblick über die ukrainisch-katholische Kirche, in: Kirche in Not, S. 14, Kmyta, S. 84, 128, Bociurkiw, S. 35

[xii] Stricker, Kirche in Not, S. 28f., M. Lubachivsky (Großerzbischof von L'viv), Pro-Memoria in: Kirche in Not, S. 45, Die ersten Opfer, S. 33, Komp, S. 18

[xiii] Wolf, S. 123, Heyer, S. 251, 253

[xiv] Wolf, Seite 124 – 126, Die ersten Opfer, S. 29, Bublyk, S. 11 zu den Repressionen während der ersten sowjetischen Besatzung, Kmyta, S. 65, 69 – 71, Bociurkiw, S. 35, 37

[xv] Wolf, S. 126f., Heyer, S. 252f., Die ersten Opfer, S. 29f., 31 und Anm. 21, Bociurkiw, S. 41f., 44f., 53,

[xvi] Wolf, S. 128, Die ersten Opfer, S. 30f. und Anm. 19 (Protestschreiben gegen die Abschaffung des Religionsunterrichts) und 20 (Brief an die Jugend), Kmyta, S. 72f., Bociurkiw, S. 35

[xvii] Wolf, S. 241, Kmyta, S. 70, Bociurkiw, S. 38

[xviii] Wolf, S. 139 f., 356, Heyer, S. 252, Kmyta, S. 70 und Anm. 219 nennt als einzige als Datum des Schreibens den 10.1.1939, 71, Bociurkiw, 70f.

[xix] Bociurkiw, S. 38

[xx] Wolf, S. 140, Die ersten Opfer, S. 32, Komp, S. 22, Bociurkiw, S. 55

[xxi] Kmyta, S. 107f.

[xxii] Wolf, S. 141, 143, 358, Komp, S. 14f.

[xxiii] Wolf, S. 144f., Németh, S. 9 und Anm. 25, Heyer, S. 253 – 255, Komp, S. 15

[xxiv] Hrynioch, S. 3, Wolf, S. 34, 148, Komp, S. 15, Kmyta, S. 128f.

[xxv] Hrynioch, S. 3, Komp, S.15, Kmyta, S. 128f., Bociurkiw, S. 98

[xxvi] L. Husar, Das Millennium ist mehr als Historie, in: Kirche in Not, S. 23, Kmyta, S. 68

[xxvii] Hrynioch, S. 3, Komp, S. 15

[xxviii] Hrynioch, S. 3, Wolf, S. 34

[xxix] Wolf, S. 35f. und 38, Kmyta, S. 75, 78

[xxx] Wolf, S. 148

[xxxi] Heyer, S. 326, weitere Statistiken siehe Komp, S. 14, Kmyta, S. 68, Bociurkiw, S. 28ff., 33

[xxxii] Wolf, S. 150, Komp, S. 16

[xxxiii] Heyer, S. 326

[xxxiv] Heyer, S. 326f., Kmyta, S. 79f.

[xxxv] Hrynioch, S. 3, Wolf, S. 150

[xxxvi] Hrynioch, S. 3, Wolf, S. 150f., Die ersten Opfer, S. 34, Komp, S. 15f., Bociurkiw, S. 73

[xxxvii] Hrynioch, S. 3f., Wolf, S. 147, 151, Heyer, S. 256, Bociurkiw, S. 80, 84, 88

[xxxviii] Wolf, S. 151

[xxxix] Hrynioch, S. 4, Die ersten Opfer, S. 34 und 36

[xl] Hrynioch, S. 4, Kmyta, S. 76

[xli] Heyer, S. 327, Die ersten Opfer, S. 36

[xlii] Hrynioch, S. 4, Wolf, S. 152, 358, Heyer, S. 327, Die ersten Opfer, S. 36, Kmyta, S. 76, Bociurkiw, S. 90

[xliii] Hrynioch, S. 4

[xliv] Kmyta, S. 77, Bociurkiw, S. 90 - 94

[xlv] Hrynioch, S. 4, Komp, S. 17f.

[xlvi] Wolf, S. 152f.

[xlvii] Hrynioch, S. 5, M. Lubachivsky, Kirche in Not, S. 45, Bublyk, S. 16

[xlviii] Hrynioch, S. 5

[xlix] Hrynioch, S. 5

[l] Hrynioch, S. 5, Die ersten Opfer, S. 37 und Anm. 30, Komp, S. 18

[li] Hrynioch, S. 5, zum Schicksal von Protoarchimandrit Klementij Šeptyc'kyj siehe Wolf, S. 171ff., Heyer, S. 359

[lii] Hrynioch, S. 5 und Anm. 1 auf S. 5f.

[liii] Hrynioch, S. 5

[liv] Bublyk, S. 15, Bociurkiw, S. 104 - 106

[lv] Bublyk, S. 16, Kmyta, S. 78

[lvi] Kmyta, S. 108f. inkl. Strafmaß (Strafmaß bis Kmyta, S. 114)

[lvii] Hrynioch, S. 6 und Anm. 2, Wolf, S. 153 und 218f., Heyer, S. 329, 331f., Die ersten Opfer, S. 36, Komp, S. 18f., Bociurkiw, S. 107 – 111, 206

[lviii] Hrynioch, S. 6, Wolf, S. 153 und 156, Komp, S. 18

[lix] Heyer, S. 330

[lx] Wolf, S. 152f., Dacko, Kirche in Not, S. 15, Bublyk, S. 16, Komp, S. 19f mit Auflistung verhafteter Geistlicher, Kmyta, S. 78, 81, Bociurkiw, S. 114 - 117

[lxi] Heyer, S. 334

[lxii] Hrynioch, S. 6

[lxiii] Hrynioch, S.6f., siehe auch Anm. 3 auf S. 7, Wolf, S. 147, Németh, S. 10, Heyer, S. 330f., Dacko, Kirche in Not, S. 15f., Stricker, Kirche in Not, S. 29, Die ersten Opfer, S. 37f und Anm. 31 mit dem Inhalt der Anklage und S. 40 und Anm. 34 – 37 betr. verhafteter Geistlicher

[lxiv] Hrynioch, S. 7, Die ersten Opfer, S. 38

[lxv] Hrynioch, S. 7, Die ersten Opfer, S. 38

[lxvi] Hrynioch, S. 7 und Anm. 3

[lxvii] Hrynioch, S. 7f., Wolf, S. 153f. mit einer Auflistung verhafteter Geistlicher, Die ersten Opfer, S. 38

[lxviii] Wolf, S. 358, Heyer, S. 333 und Anm. 47, Stricker, Kirche in Not, S. 29

[lxix] Wolf, S. 358, Németh, S. 15 und Anm. 45 und 46, Heyer, S. 334 und Anm. 54, Dacko, Kirche in Not, S. 16, Komp, S. 24

[lxx] Hrynioch, S. 8, Wolf, S. 153f.mit einer weiteren Auflistung verhafteter Geistlicher, darunter eines österreichischen Staatsbürgers, Bublyk, S. 19

[lxxi] Wolf, S. 154

[lxxii] Hrynioch, S. 8, Die ersten Opfer, S. 40 Anm. 38, Komp, S. 21

[lxxiii] Hrynioch, S. 8

[lxxiv] Hrynioch, S. 8, Wolf, S. 54, Die ersten Opfer, S. 40, Komp, S. 21

[lxxv] Hrynioch, S. 8, Die ersten Opfer, S. 40, Komp, S. 21

[lxxvi] Hrynioch, S. 8, siehe auch Punkt C. dieser Arbeit, Wolf, S. 156

[lxxvii] Hrynioch, S. 9, M. Lubachivsky, Kirche in Not, S. 44

[lxxviii] Hrynioch, S. 9

[lxxix] Wolf, S. 33 – 35, S. 147

[lxxx] Wolf, S. 35, Kmyta, S. 130

[lxxxi] Hrynioch, S. 9

[lxxxii] Hrynioch, S. 9 und Anm. 5

[lxxxiii] Hrynioch, S. 9f. und Anm. 6

[lxxxiv] Hrynioch, S. 10

[lxxxv] Hrynioch, S. 10 Anm. 7

[lxxxvi] Hrynioch, S. 11

[lxxxvii] Hrynioch, S. 11 und Anm. 8. Hier findet sich die detaillierte Auflistung der Haftstrafen und ggf. Todesdaten auch von Hierarchen anderer griechisch-katholischer Kirchen, Wolf, S. 154 und 156, Komp, S. 20

[lxxxviii] Hrynioch, S. 12 und Anm. 9 zum Verhältnis der NS-Besatzung zu Metropolit Šeptyc'kyj

[lxxxix] Hrynioch, S. 12f. und Anm.10, Lubachivsky, Kirche in Not, S. 44

[xc] Hrynioch, S. 13 und Anm. 11 sowie S. 16, Németh, S. 10, Heyer, S. 332, Dacko, Kirche in Not, S. 16, Komp, S. 22, Kmyta, S. 81, 83

[xci] Hrynioch, S. 13

[xcii] Hrynioch, S. 13f.

[xciii] Hrynioch, S. 14, Wolf S. 140f. und S. 156f., Heyer, S. 332f. und Anm. 43, Die ersten Opfer, S. 40 und 42, Bublyk, S. 11 – 13, Bublyk, S. 16, Kmyta, S. 81, Bociurkiw, S. 55, 121

[xciv] Hrynioch, S. 14f., Wolf, S. 167, Die ersten Opfer, S. 32, Bublyk, S. 11 – 13 (der 17jährige Sohn wurde später erschossen)
[xcv] Hrynioch, S. 15 und Anm. 12, Wolf, S. 167f., Bociurkiw, S. 205
[xcvi] Hrynioch, S. 15, Wolf, S. 168f., Heyer, S. 332 und Anm. 42, 338 Anm. 75, Kmyta, S. 84, Bociurkiw, S. 122
[xcvii] Hrynioch, S. 15f., Heyer, S. 378, Kmyta, S. 84
[xcviii] Hrynioch S. 16 und Anm. 13, Bociurkiw, S. 128
[xcix] Hrynioch, S. 16f. und Anm. 14 und 15
[c] Hrynioch, S. 17 und Anm. 16
[ci] Hrynioch, S. 17
[cii] Hrynioch, S. 17f. und Anm. 17
[ciii] Hrynioch, S. 18
[civ] Hrynioch, S. 18 und Anm. 18, Komp, S. 22, Bociurkiw, S. 124 - 126
[cv] Hrynioch, S. 19 und Anm. 19, Bociurkiw, S. 127
[cvi] Wolf, S. 157, Die ersten Opfer, S. 42f.
[cvii] Hrynioch, S. 19
[cviii] Hrynioch, S. 19f. und Anm. 20 zum tatsächlichen Verhältnis zwischen Staat und Religionsgemeinschaften in der Sowjetunion, Wolf, S. 157 und 159f., Heyer, S. 333 und Anm. 45 und 46, Die ersten Opfer, S. 42, Komp, S. 22
[cix] Hrynioch, S. 20 und Anm. 21, die sich auf der Seite 21 fortsetzt.
[cx] Hrynioch, S. 20f.
[cxi] Hrynioch, S. 21f. und Anm. 22, Heyer, S. 332, Bociurkiw, S. 129
[cxii] Wolf, S. 159f., Die ersten Opfer, S. 42 und 44, Komp, S. 18, Kmyta, S. 82, Bociurkiw, S. 130, 141f.
[cxiii] Hrynioch 22f. und Anm. 23 mit der kompletten deutschen Übersetzung, Wolf, S. 160, Heyer, S. 334 und Anm. 51- 53, Dacko, Kirche in Not, S. 16, Die ersten Opfer, S. 43 und Anm. 44 (ebenfalls eine deutsche Übersetzung, die Anmerkung setzt sich auf der S. 44 fort.), Bociuwkiw, S. 131 f. mit der englischen Übersetzung
[cxiv] Wolf, S. 160, 162
[cxv] Wolf, S. 162
[cxvi] Hrynioch, S. 23f. und Anm. 24, Wolf, S. 160, Dacko, Kirche in Not, S. 16
[cxvii] Heyer, S. 332, Bociurkiw, S. 140
[cxviii] Heyer, S. 331
[cxix] Heyer, S. 335, Bociurkiw, S. 146f.
[cxx] Hrynioch, S 24f. und Anm. 25 – 28, Németh, S. 10 und Anm. 30, Heyer, S. 334f. und Anm. 55, R. Grulich, Die Kirchen der Union in Osteuropa, in: Kirche in Not, S. 40, Lubachivsky, Kirche in Not, S. 43, Dacko, Kirche in Not, S. 15, Die ersten Opfer, S. 46, Bublyk, S. 16 und Faksimile der Notiz mit teilweiser deutscher Übersetzung S. 17f., Komp, S. 23, Kmyta, S. 83, Bociurkiw, S. 155, 157
[cxxi] Hrynioch, S. 25f., Wolf, S. 147, Die ersten Opfer, S. 70ff (mit weiteren Rechtsvorschriften und einem Vergleich der Rechtslage von 1937 und 1947, die die Verschlechterung der Rechtslage der UGKK zeigt.)
[cxxii] Hrynioch, S. 26 und Anm. 29, die sich auf den Seite 27 und 28 fortsetzt.
[cxxiii] Hrynioch, S. 27f. und Anm. 30 und 31, Statistische Angaben für 1939 siehe Dacko, Kirche in Not, S. 15 und Stricker, Kirche in Not, S. 28f., Bublyk, S. 16, Kmyta, S. 67f.
[cxxiv] Hrynioch, S. 29 und Anm. 32 und 33, Wolf, S. 157, Németh, S. 11 und Anm. 31 und 32, Heyer, S. 335f. und Anm. 57 und 60, Komp, S. 23, Bociurkiw, S. 155f.
[cxxv] Hrynioch, S. 30 und Anm. 34
[cxxvi] Hrynioch, S. 30
[cxxvii] Hrynioch, S. 30f., zu Slipyj und seinen Verurteilungen s. Wolf, S. 358ff., Komp, S. 21
[cxxviii] Hrynioch, S. 31, Kmyta, S. 83
[cxxix] Hrynioch, S. 31f. und Anm. 35
[cxxx] Hrynioch, S. 32, Bociurkiw, S. 179 – 183 zur kanonischen Gültigkeit
[cxxxi] Hrynioch S. 32 und Anm. 36
[cxxxii] Hrynioch, Seite 32 – 34 und Anm. 37 – 43, Wolf, S. 162f., Heyer, S. 335f. und Anm. 58 – 63, Stricker, Kirche in Not, S. 29f., Die ersten Opfer, S. 46 und 48f., Komp, S. 23, Kmyta, S. 83f., Bociurkiw, S. 164 - 176
[cxxxiii] Hrynioch, S. 37 f.
[cxxxiv] Hrynioch, S. 37 Anm. 47, Heyer, S. 354, Bublyk S. 19 und 36, Kmyta, S. 86, 107, 114, Bociurkiw, S. 197
[cxxxv] Heyer, S. 342
[cxxxvi] Wolf, S. 163f., Németh, S. 10, Heyer, S. 336f und Anm. 64 – 66, S. 360, Die ersten Opfer, S. 49, Komp, S. 23f., Bociurkiw, S. 204
[cxxxvii] Kmyta, S. 84f.
[cxxxviii] Heyer, S. 337 und Anm. 67, Bociurkiw, S. 178

[cxxxix] Heyer, S. 337 und Anm. 68 – 71, Hrynioch, 20 und Anm. 21, die sich auf der Seite 21 fortsetzt

[cxl] Kmyta, S. 108

[cxli] Heyer, S. 338

[cxlii] Wolf, S. 164, 167, 218, Németh, S. 12 und Anm. 38, Die ersten Opfer S. 49f. mit tatsächlichen Motiven für die Konversion zur ROK, Kmyta, S. 85

[cxliii] Heyer, S. 339f., Komp, S. 21

[cxliv] Hrynioch, S. 37, Dacko, Kirche in Not, S. 15, Komp, S. 52

[cxlv] Hrynioch, S. 37 und Anm. 47, Wolf, S. 147f., 225, 484, Heyer, S. 360f., Dacko, Kirche in Not, S. 16f., J. Terelja: Pressekonferenz in Den Haag vom 24.9.1987 mit I. Dacko in: Kirche in Not S. 96, Bublyk, S. 26 – 28, (29), 31, Komp, S. 52, Bociurkiw, S. 161 – 164, 199 - 204

[cxlvi] Heyer, S. 339, 358, 362, Stricker, Kirche in Not, S. 30, Die ersten Opfer, S. 46, Bociurkiw, S. 118

[cxlvii] Hrynioch, S. 37 Anm. 46 und 47, Wolf, S. 221, 225, 243, 485f., Németh, S. 12, Heyer, S. 341, 361f., Die ersten Opfer, S. 46, 49 und Anm. 51, Bublyk, S. 36, Kmyta, S. 86 – 89, 107, Bociurkiw, S. 194 mit einer Statistik zu Klostergemeinschaften im März 1947

[cxlviii] Wolf, S. 217

[cxlix] Bublyk, S. (31)

[cl] Wolf, S. 219

[cli] Wolf, S. 224f., Heyer, S. 356, 361f., Bublyk, S. (31)

[clii] Heyer, S. 362 mit Aufzählungen von Maßnahmen gegen ehemalige IG-Angehörige

[cliii] Heyer, S. 362, Die ersten Opfer, S. 40

[cliv] Heyer, S. 361, Bociurkiw, S. 197, 199

[clv] Terelja/Dacko, Kirche in Not, S. 96, Komp, S. 24 mit einer Statistik zur Verfolgung

[clvi] Wolf, S. 221, 330, Németh, S. 13, Heyer, S 362f., Bublyk, S. 36, Komp, S. 52

[clvii] Heyer, S. 356, Kmyta, S. 110, 114, 131

[clviii] Heyer, S. 378 und Anm. 176, Husar, Kirche in Not, S. 25